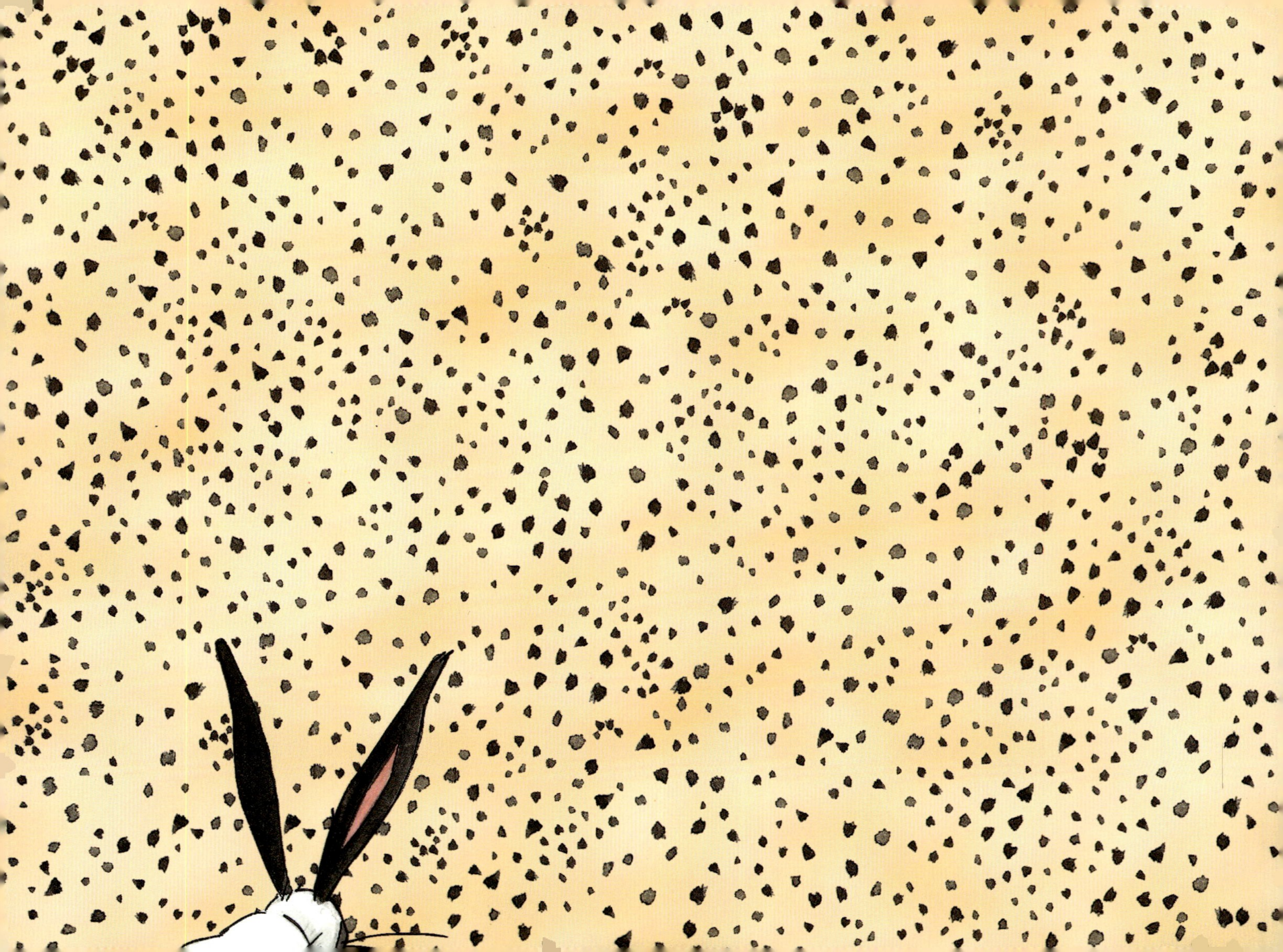

ALBERT A FAIT CACA

Histoire et illustrations
de Daniel Casanave
Texte de Jean Casanave
Éditions Hemma

Simone et Auguste Cheminot vivent heureux à la campagne.
Cependant, l'orage menace cette quiétude.
Un jour, Auguste dit à sa femme :
– Il faut que je te parle sérieusement.
– Tout à l'heure, il faut d'abord que j'aille soigner mes petits amis...

Quel danger menace le bonheur d'Auguste et Simone ?

Simone va à la basse-cour soigner ses chers animaux : Raoul, Richard, Siméon, les canards ; Michel, le dindon ; Henry, le pigeon… et autres poules, coqs, pintades ainsi que… le préféré, l'ami, le confident de Simone : Albert, le lapin russe noir et blanc. Derrière elle, Auguste lui répète :

– Simone, il faut que je te parle d'Albert !

Auguste pense qu'Albert tient trop de place dans la maison. Il se sent déprimé, délaissé, mal aimé.
Il fait toutes les corvées, pendant que Madame lit à Albert des livres avec des images fascinantes.

Un soir, le drame éclate !
Auguste lit paisiblement,
installé au bout de la table
de la cuisine sur laquelle le
petit lapin est couché,
pendant que Simone fait la
vaisselle. Quand, soudain…
sous les yeux éberlués
d'Auguste…

L'impensable,

l'horreur…

Albert

a fait caca !…

Simone prend Albert dans
ses bras :
– Ce n'est rien, Auguste, je
vais nettoyer !
C'est la goutte d'eau qui
fait déborder le vase !
Auguste, blanc de rage, se
lève, monte dans sa
chambre, fait sa valise et,
sans un mot, sans un
regard, part dans la nuit…
laissant Simone éplorée.

Les semaines passent, Simone est bien triste depuis le départ d'Auguste. En caressant Albert, elle murmure :

– Pauvre Auguste, où peut-il bien être ? Il était bêtement jaloux de toi, un lapin ! Comme si on pouvait comparer !

– Reviens, je t'en supplie, je t'attends...

Un soir, en regardant la télévision,
Simone apprend qu'un cirque
s'installe en ville.
Soudain, une idée… Elle met son
manteau et court avec Albert vers
Citronnelle, sa petite voiture !
– Mais oui ! Vite, allons au cirque !

Citronnelle fonce dans la nuit. Le vaillant petit moteur rugit comme un tigre. Après avoir traversé l'inquiétante forêt des Hauts-Bois, les lueurs de la ville apparaissent à l'horizon...

Voilà la ville ! Simone
conduit Citronnelle dans
les méandres des rues
mal éclairées. C'est alors
qu'apparaît le cirque,
éclatant de lumière, sous
les flonflons de
l'orchestre de cuivres !

CIRCUS
CIRCUS

– Venez dans le plus grand cirque du monde ! Vous y verrez des numéros uniques : des animaux, des acrobates, des jongleurs, des clowns...
Simone prend un billet et s'installe.
Le spectacle commence, les numéros se suivent rapidement sous les applaudissements du public, lorsque tout à coup :
– Voici le clou de notre spectacle, celui que vous attendez tous :

Gus et ses éléphants !

CIRCUS

Un clown perché sur un éléphant jongle avec des instruments de cuisine, provoquant le rire du public. Simone, elle, ne rit pas, elle s'en doutait !

Le clown Gus, c'est Auguste !

En regardant la télévision elle s'est souvenue que Auguste avait travaillé dans un cirque dans sa jeunesse. À la fin du spectacle, elle l'attend, il l'a vue dans le public…

Auguste apparaît avec un timide sourire :
– Simone !
– Mon Auguste !
– Comme je suis heureux de te revoir !
– Tu reviens à la maison j'espère ?
– Oui, je suis trop vieux pour la vie d'artiste !
Et je ne serai plus jamais jaloux d'Albert !
Je te présente Trompette, mon grand ami
l'éléphant !
– Oh ! Comme il est mignon ! Il va bien
s'entendre avec Albert...

À la maison, Trompette fait la connaissance de la basse-cour, Albert est devenu son grand ami. Simone et Auguste retrouvent le bonheur, mais...

Pourvu que Trompette ne fasse pas caca !...

Dépôt légal : 09.00/0058/172
ISBN : 2-8006-7725-2
N° d'impression : 44990009
Printed in EC

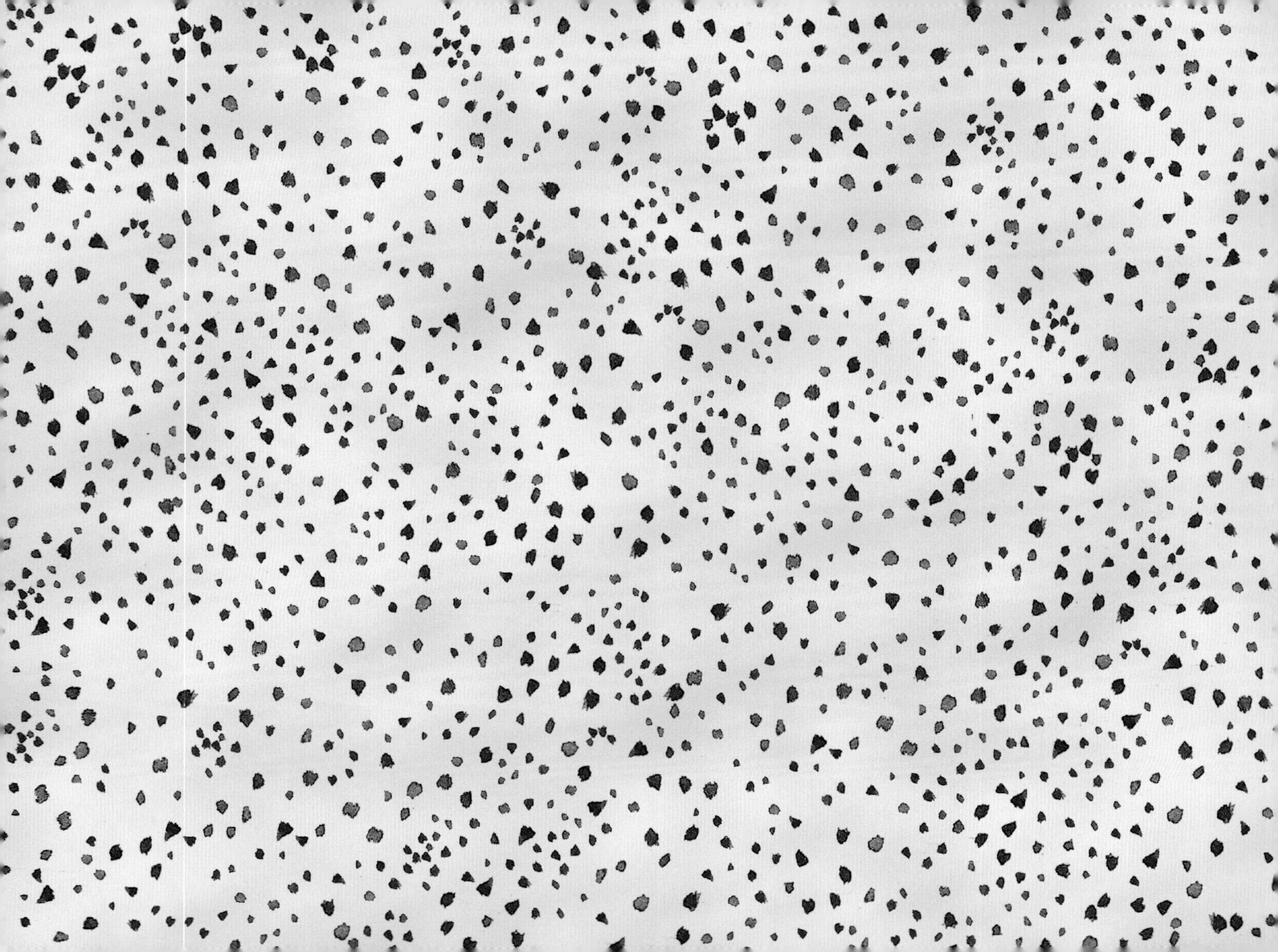

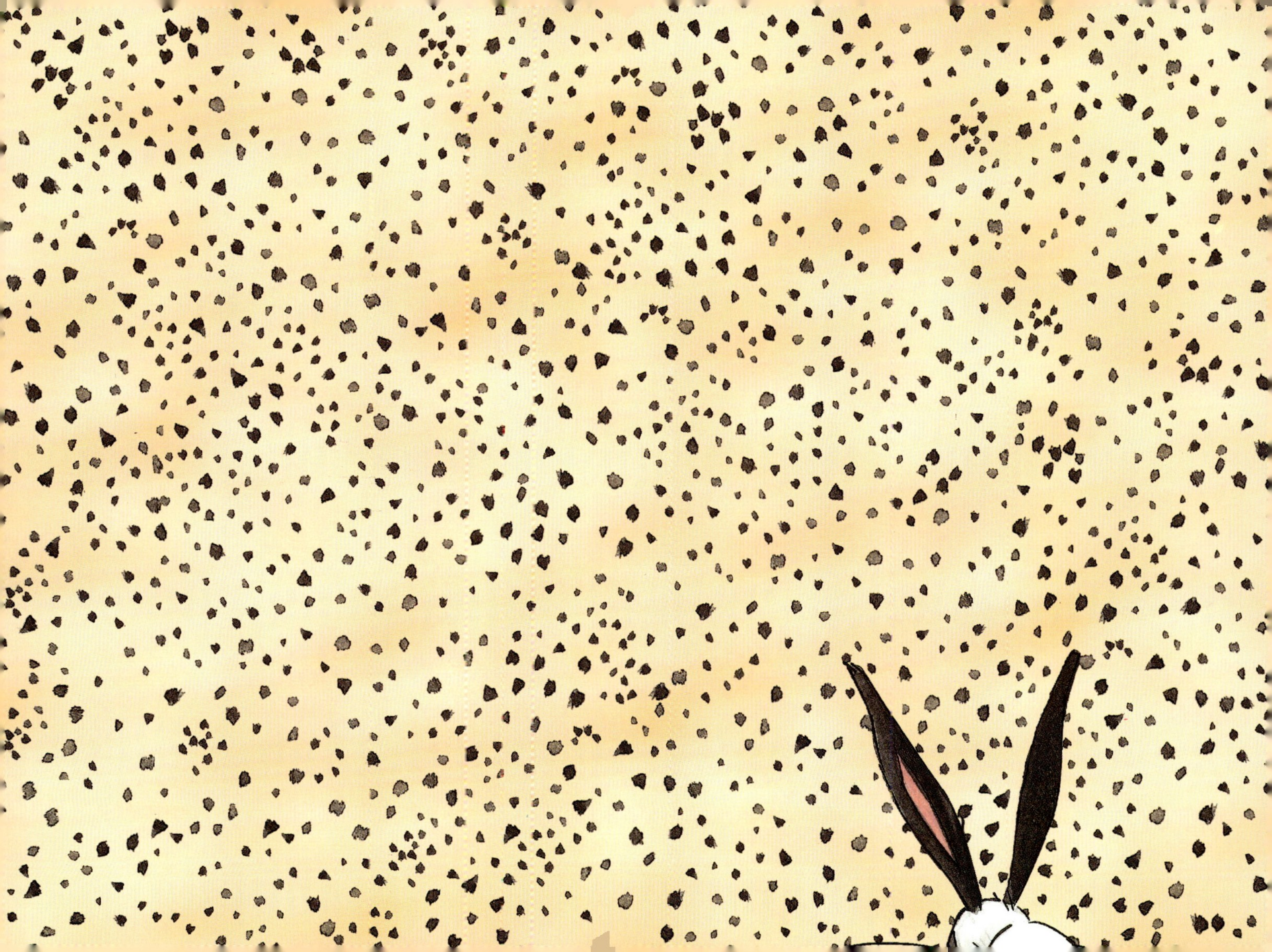